MARIE VON EBNER-ESCHENBACH

KRAMBAMBULI

und andere Tiergeschichten

HAMBURGER LESEHEFTE VERLAG
HUSUM/NORDSEE

INHALT

KRAMBAMBULI

Vorliebe empfindet der Mensch für allerlei Dinge und Wesen. Liebe, die echte, unvergängliche, die lernt er — wenn überhaupt — nur einmal kennen. So wenigstens meint der Herr Revierjäger Hopp. Wie viele Hunde hat er schon gehabt, und auch gern gehabt, aber lieb, was man sagt lieb und unvergeßlich, ist ihm nur einer gewesen — der Krambambuli. Er hatte ihn im Wirtshause Zum Löwen in Wischau von einem vazierenden Forstgehilfen gekauft oder eigentlich eingetauscht. Gleich beim ersten Anblick des Hundes war er von der Zuneigung ergriffen worden, die dauern sollte bis zu seinem letzten Atemzuge. Dem Herrn des schönen Tieres, der am Tische vor einem geleerten Branntweingläschen saß und über den Wirt schimpfte, weil dieser kein zweites umsonst hergeben wollte, sah der Lump aus den Augen. Ein kleiner Kerl, noch jung und doch so fahl wie ein abgestorbener Baum, mit gelbem Haar und gelbem spärlichen Barte. Der Jägerrock, vermutlich ein Überrest aus der vergangenen Herrlichkeit des letzten Dienstes, trug die Spuren einer im nassen Straßengraben zugebrachten Nacht. Obwohl sich Hopp ungern in schlechte Gesellschaft begab, nahm er trotzdem Platz neben dem Burschen und begann sogleich ein Gespräch mit ihm. Da bekam er es denn bald heraus, daß der Nichtsnutz den Stutzen und die Jagdtasche dem Wirt bereits als Pfänder ausgeliefert hatte und daß er jetzt auch den Hund als solches hergeben möchte; der Wirt jedoch, der schmutzige Leuteschinder, wollte von einem Pfand, das gefüttert werden muß, nichts hören.

Herr Hopp sagte vorerst kein Wort von dem Wohlgefallen, das er an dem Hunde gefunden hatte, ließ aber eine Flasche von dem guten Danziger Kirschbranntwein bringen, den der Löwenwirt damals führte, und schenkte dem Vazierenden fleißig ein. — Nun, in einer Stunde war alles in Ordnung. Der Jäger gab zwölf Flaschen von demselben Getränke, bei dem der Handel geschlossen worden — der Vagabund gab den Hund. Zu seiner Ehre muß man gestehen: nicht leicht. Die Hände zitterten ihm so sehr, als er dem Tiere die Leine um den Hals legte, daß es schien, er werde mit dieser

Manipulation nimmermehr zurechtkommen. Hopp wartete geduldig und bewunderte im stillen den trotz der schlechten Kondition, in der er sich befand, wundervollen Hund. Höchstens zwei Jahre mochte er alt sein, und in der Farbe glich er dem Lumpen, der ihn hergab, doch war die seine um ein paar Schattierungen dunkler. Auf der Stirn hatte er ein Abzeichen, einen weißen Strich, der rechts und links in kleine Linien auslief, in der Art wie die Nadeln an einem Tannenreis. Die Augen waren groß, schwarz, leuchtend, von tauklaren, lichtgelben Reiflein umsäumt, die Ohren hoch angesetzt, lang, makellos. Und makellos war alles an dem ganzen Hunde von der Klaue bis zu der feinen Witternase; die kräftige, geschmeidige Gestalt, das über jedes Lob erhabene Piedestal. Vier lebende Säulen, die auch den Körper eines Hirsches getragen hätten und nicht viel dicker waren, als die Läufe eines Hasen. Beim heiligen Hubertus! Dieses Geschöpf mußte einen Stammbaum haben, so alt und rein wie der eines deutschen Ordensritters.

Dem Jäger lachte das Herz im Leibe über den prächtigen Handel, den er gemacht hatte. Er stand nun auf, ergriff die Leine, die zu verknoten dem Vazierenden endlich gelungen war, und fragte: „Wie heißt er denn?" — „Er heißt wie das, wofür Ihr ihn kriegt: Krambambuli", lautete die Antwort. — „Gut, gut, Krambambuli! So komm! Wirst gehen? Vorwärts!" — Ja, er konnte lange rufen, pfeifen, zerren — der Hund gehorchte ihm nicht, wandte den Kopf demjenigen zu, den er noch für seinen Herrn hielt, heulte, als dieser ihm zuschrie: „Marsch!" und den Befehl mit einem tüchtigen Fußtritt begleitete, suchte aber sich immer wieder an ihn heranzudrängen. Erst nach einem heißen Kampfe gelang es Herrn Hopp, die Besitzergreifung des Hundes zu vollziehen. Gebunden und geknebelt mußte er zuletzt in einem Sacke auf die Schulter geladen und so bis in das mehrere Wegstunden entfernte Jägerhaus getragen werden.

Zwei volle Monate brauchte es, bevor Krambambuli, halb totgeprügelt, nach jedem Fluchtversuche mit dem Stachelhalsband an die Kette gelegt, endlich begriff, wohin er jetzt gehöre. Dann aber, als seine Unterwerfung vollständig geworden war, was für ein Hund wurde er da! Keine Zunge schildert, kein Wort ermißt die Höhe der Vollendung, die er erreichte, nicht nur in der Ausübung seines Berufes, sondern auch im täglichen Leben als eifriger Diener, guter Kamerad und treuer Freund und Hüter. „Dem fehlt nur die Sprache", heißt es von andern intelligenten Hunden — dem Krambambuli fehlte sie nicht; sein Herr zum mindesten pflog lange Unterredungen mit ihm. Die Frau des Revierjägers wurde ordentlich eifersüchtig auf den „Buli", wie sie ihn geringschätzig nannte. Manchmal machte sie ihrem Manne Vorwürfe. Sie hatte den ganzen Tag, in jeder Stunde, in der sie nicht aufräumte, wusch oder kochte, schweigend gestrickt Am Abend, nach dem Essen, wenn sie wieder zu stricken begann, hätte sie gern eins dazu geplaudert.

„Weißt denn immer nur dem Buli was zu erzählen, Hopp, und mir nie? Du verlernst vor lauter Sprechen mit dem Vieh das Sprechen mit den Menschen."

Der Revierjäger gestand sich, daß etwas Wahres an der Sache sei, aber zu helfen wußte er nicht. Wovon hätte er mit seiner Alten reden sollen? Kinder hatten sie nie gehabt, eine Kuh durften sie nicht halten, und das zahme Geflügel interessiert einen Jäger im lebendigen Zustande gar nicht und im gebratenen nicht sehr. Für Kulturen aber und für Jagdgeschichten hatte wieder die Frau keinen Sinn. Hopp fand zuletzt einen Ausweg aus diesem Dilemma; statt mit dem Krambambuli sprach er von dem Krambambuli, von den Triumphen, die er allenthalben mit ihm feierte, von dem Neide, den sein Besitz erregte, von den lächerlich hohen Summen, die ihm für den Hund geboten wurden und die er verächtlich von der Hand wies.

Zwei Jahre waren vergangen, da erschien eines Tages die Gräfin, die Frau seines Brotherrn, im Hause des Jägers. Er wußte gleich, was der Besuch zu bedeuten hatte, und als die gute, schöne Dame begann: „Morgen, lieber Hopp, ist der Geburtstag des Grafen . . ." setzte er ruhig und schmunzelnd fort: „Und da möchten Hochgräfliche Gnaden dem Herrn Grafen ein Geschenk machen und sind überzeugt, mit nichts anderm soviel Ehre einlegen zu können, wie mit dem Krambambuli." — „Ja, ja, lieber Hopp." Die Gräfin errötete vor Vergnügen über dieses freundliche Entgegenkommen und sprach gleich von Dankbarkeit und bat, den Preis nur zu nennen, der für den Hund zu entrichten wäre. Der alte Fuchs von einem Revierjäger kicherte, tat sehr demütig und rückte auf einmal mit der Erklärung heraus: „Hochgräfliche Gnaden! Wenn der Hund im Schlosse bleibt, nicht jede Leine zerbeißt, nicht jede Kette zerreißt oder, wenn er sie nicht zerreißen kann, sich bei den Versuchen, es zu tun, erwürgt, dann behalten ihn Hochgräfliche Gnaden umsonst — dann ist er mir nichts mehr wert."

Die Probe wurde gemacht, aber zum Erwürgen kam es nicht; denn der Graf verlor früher die Freude an dem eigensinnigen Tiere. Vergeblich hatte man es durch Liebe zu gewinnen, mit Strenge zu bändigen gesucht. Er biß jeden, der sich ihm näherte, versagte das Futter und — viel hat der Hund eines Jägers ohnehin nicht zuzusetzen — kam ganz herunter. Nach einigen Wochen erhielt Hopp die Botschaft, er könne sich seinen Köter abholen. Als er eilends von der Erlaubnis Gebrauch machte und den Hund in seinem Zwinger aufsuchte, da gab's ein Wiedersehen unermeßlichen Jubels voll. Krambambuli erhob ein wahnsinniges Geheul, sprang an seinem Herrn empor, stemmte die Vorderpfoten auf dessen Brust und leckte die Freudentränen ab, die dem Alten über die Wangen liefen.

Am Abend dieses glücklichen Tages wanderten sie zusammen ins Wirtshaus. Der Jäger spielte Tarock mit dem Doktor und mit dem Verwalter, Krambambuli lag in der Ecke hinter seinem Herrn. Manchmal sah dieser sich nach ihm um, und der Hund, so tief er auch zu schlafen schien, begann augenblicklich mit dem Schwanze auf den Boden zu klopfen, als wollt er melden: Präsent! Und wenn Hopp, sich vergessend, recht wie einen Triumphgesang das Liedchen anstimmte: „Was macht denn mein Krambambuli?“ richtete der Hund sich würde- und respektvoll auf, und seine hellen Augen antworteten: Es geht ihm gut!

Um dieselbe Zeit trieb, nicht nur in den gräflichen Forsten, sondern in der ganzen Umgebung eine Bande Wildschützen auf wahrhaft tolldreiste Art ihr Wesen. Der Anführer sollte ein verlottertes Subjekt sein. Den „Gelben“ nannten ihn die Holzknechte, die ihn in irgendeiner übel berüchtigten Spelunke beim Branntwein trafen, die Heger, die ihm hie und da schon auf der Spur gewesen waren, ihm aber nie hatten beikommen können, und endlich die Kundschafter, deren er unter dem schlechten Gesindel in jedem Dorfe mehrere besaß.

Er war wohl der frechste Gesell, der jemals ehrlichen Jägersmännern etwas aufzulösen gab, mußte auch selbst vom Handwerk gewesen sein, sonst hätte er das Wild nicht mit solcher Sicherheit aufspüren und nicht so geschickt jeder Falle, die ihm gestellt wurde, ausweichen können.

Die Wild- und Waldschäden erreichten eine unerhörte Höhe, das Forstpersonal befand sich in grimmigster Aufregung. Da begab es sich nur zu oft, daß die kleinen Leute, die bei irgendeinem unbedeutenden Waldfrevel ertappt wurden, eine härtere Behandlung erlitten, als zu anderer Zeit geschehen wäre und als gerade zu rechtfertigen war. Große Erbitterung herrschte darüber in allen Ortschaften. Dem Oberförster, gegen den der Haß sich zunächst wandte, kamen gutgemeinte Warnungen in Menge zu. Die Raubschützen, hieß es, hätten einen Eid darauf geschworen, bei der ersten Gelegenheit exemplarische Rache an ihm zu nehmen. Er, ein rascher, kühner Mann, schlug das Gerede in den Wind und sorgte mehr denn je dafür, daß weit und breit kund werde, wie er seinen Untergebenen die rücksichtsloseste Strenge anbefohlen und für etwaige schlimme Folgen die Verantwortung selbst übernommen habe. Am häufigsten rief der Oberförster dem Revierjäger Hopp die scharfe Handhabung seiner Amtspflicht ins Gedächtnis und warf ihm zuweilen Mangel an „Schneid“ vor, wozu freilich der Alte nur lächelte. Der Krambambuli aber, den er bei solcher Gelegenheit von oben herunter anblinzelte, gähnte laut und wegwerfend.

Übel nahmen er und sein Herr dem Oberförster nichts. Der Oberförster war ja der Sohn des Unvergeßlichen, bei dem Hopp das edle Weidwerk erlernt, und Hopp hatte wieder ihn als kleinen Jungen in die Rudimente des Berufs eingeweiht. Die Plage, die er einst mit ihm gehabt, hielt er heute noch für eine Freude, war stolz auf den ehemaligen Zögling und liebte ihn trotz der rauhen Behandlung, die er so gut wie jeder andre von ihm erfuhr.

Eines Junimorgens traf er ihn eben wieder bei einer Exekution.

Es war im Lindenrondell, am Ende des herrschaftlichen Parks, der an den „Grafenwald“ grenzte, und in der Nähe der Kulturen, die der Oberförster am liebsten mit Pulverminen umgeben hätte. Die Linden standen just in schönster Blüte, und über diese hatte ein Dutzend kleiner Jungen sich hergemacht. Wie Eichkätzchen krochen sie auf den Ästen der herrlichen Bäume herum, brachen alle Zweige, die sie erwischen konnten, ab und warfen sie zur Erde. Zwei Weiber lasen die Zweige hastig auf und stopften sie in Körbe, die schon mehr als zur Hälfte mit dem duftenden Raube gefüllt waren. Der Oberförster raste in unermeßlicher Wut. Er ließ durch seine Heger die Buben nur so von den Bäumen schütteln, unbekümmert um die Höhe, aus der sie fielen. Während sie wimmernd und schreiend um seine Füße krochen, der eine mit zerschundenem Gesicht, der andere mit ausgerenktem Arm, ein dritter mit gebrochenem Bein, zerbläute er eigenhändig die beiden Weiber. In einer von ihnen erkannte Hopp die leichtfertige Dirne, die das Gerücht als die Geliebte des „Gelben“ bezeichnete. Und als die Körbe und Tücher der Weiber und die Hüte der Buben in Pfand genommen wurden und Hopp den Auftrag bekam, sie aufs Gericht zu bringen, konnte er sich eines schlimmen Vorgefühls nicht erwehren.

Der Befehl, den ihm damals der Oberförster zurief, wild wie ein Teufel in der Hölle und wie ein solcher umringt von jammernden und gepeinigten Sündern, ist der letzte gewesen, den der Revierjäger im Leben von ihm erhalten hat. Eine Woche später traf er ihn wieder im Lindenrondell — tot. Aus dem Zustande, in dem die Leiche sich befand, war zu ersehen, daß sie hierher, und zwar durch Sumpf und Gerölle, geschleppt worden war, um an dieser Stelle aufgebahrt zu werden. Der Oberförster lag auf abgehauenen Zweigen, die Stirn mit einem dichten Kranz aus Lindenblüten umflochten, einen eben solchen als Bandelier um die Brust gewunden. Sein Hut stand neben ihm, mit Lindenblüten gefüllt. Auch die Jagdtasche hatte der Mörder ihm gelassen, nur die Patronen herausgenommen und statt ihrer Lindenblüten hineingesteckt. Der schöne Hinterlader des Oberförsters fehlte und war durch einen elenden Schießprügel ersetzt. Als man später die Kugel, die seinen Tod verursacht hatte, in der Brust des Ermordeten fand, zeigte es sich, daß sie genau in den Lauf dieses Schießprügels paßte, der dem Förster gleichsam zum Hohne über die Schulter gelegt worden war. Hopp stand beim Anblick der entstellten Leiche regungslos vor Entsetzen. Er hätte keinen Finger heben können, und auch das Gehirn war ihm wie gelähmt; er starrte nur und starrte und dachte anfangs gar nichts, und erst nach einer Weile brachte er es zu einer Beobachtung, einer stummen Frage: — Was hat denn der Hund?

Krambambuli beschnüffelt den toten Mann, läuft wie nicht gescheit um ihn herum, die Nase immer am Boden. Einmal winselt er, einmal stößt er einen schrillen Freudenschrei aus, macht ein paar Sätze, bellt, und es ist geradeso, als erwache in ihm eine längst erstorbene Erinnerung . . .

„Herein", ruft Hopp, „da herein!" Und Krambambuli gehorcht, sieht aber seinen Herrn in allerhöchster Aufregung an, und — wie der Jäger sich auszudrücken pflegte — sagt ihm: „Ich bitte dich um alles in der Welt, siehst du denn nichts? Riechst du denn nichts? . . . O lieber Herr, schau doch, riech doch! O Herr, komm! Daher komm! . . ." Und tupft mit der Schnauze an des Jägers Knie und schleicht, sich oft umsehend, als frage er: Folgst du mir? zu der Leiche zurück und fängt an, das schwere Gewehr zu heben und zu schieben und ins Maul zu fassen, in der offenbaren Absicht, es zu apportieren.

Dem Jäger läuft ein Schauer über den Rücken, und allerlei Vermutungen dämmern in ihm auf. Weil das Spintisieren aber nicht seine Sache ist, es ihm auch nicht zukommt, der Obrigkeit Lichter aufzustecken, sondern vielmehr den gräßlichen Fund, den er getan hat, unberührt liegen zu lassen und seiner Wege — das heißt in dem Fall recte zu Gericht — zu gehen, so tut er denn einfach, was ihm zukommt.

Nachdem es geschehen und alle Förmlichkeiten, die das Gesetz bei solchen Katastrophen vorschreibt, erfüllt, der ganze Tag und auch ein Stück der Nacht darüber hingegangen sind, nimmt Hopp, ehe er schlafen geht, noch seinen Hund vor.

„Mein Hund", spricht er, „jetzt ist die Gendarmerie auf den Beinen, jetzt gibt's Streifereien ohne Ende. Wollen wir es andern überlassen, den Schuft, der unsern Oberförster erschossen hat, wegzuputzen aus der Welt? — Mein Hund kennt den niederträchtigen Strolch, kennt ihn, ja, ja! Aber das braucht niemand zu wissen, das habe ich nicht ausgesagt . . . Ich, hoho! . . . Ich werd meinen Hund hineinbringen in die Geschichte . . . Das könnt mir einfallen!" Er beugte sich über Krambambuli, der zwischen seinen ausgespreizten Knien saß, drückte die Wange an den Kopf des Tieres und nahm seine dankbaren Liebkosungen in Empfang. Dabei summte er: „Was macht denn mein Krambambuli?", bis der Schlaf ihn übermannte.

Seelenkundige haben den geheimnisvollen Drang zu erklären gesucht, der manchen Verbrecher stets wieder an den Schauplatz seiner Untat zurückjagt Hopp wußte von diesen gelehrten Ausführungen nichts, strich aber dennoch ruh- und rastlos mit seinem Hunde in der Nähe des Lindenrondells herum.

Am zehnten Tage nach dem Tode des Oberförsters hatte er zum erstenmal ein paar Stunden lang an etwas anderes gedacht als an seine Rache und sich im „Grafenwald" mit dem Bezeichnen der Bäume beschäftigt, die beim nächsten Schlag ausgenommen werden sollten.

Wie er nun mit seiner Arbeit fertig ist, hängt er die Flinte wieder um und schlägt den kürzesten Weg ein, quer durch den Wald gegen die Kulturen in der Nähe des Lindenrondells. Im Augenblick, in dem er auf den Fußsteig treten will, der längs des Buchenzaunes läuft, ist ihm, als höre er etwas im Laube rascheln. Gleich darauf herrscht jedoch tiefe Stille, tiefe, anhaltende Stille. Fast hätte er gemeint, es sei nichts Bemerkenswertes gewesen, wenn nicht der Hund so merkwürdig dreingeschaut hätte. Der stand mit gesträubtem Haar, den Hals vorgestreckt, den Schwanz aufrecht und glotzte eine Stelle des Zaunes an. Oho! dachte Hopp, wart Kerl, wenn du's bist! trat hinter einen Baum und spannte den Hahn seiner Flinte. Wie rasend pochte ihm das Herz, und der ohnehin kurze Atem wollte ihm völlig versagen, als jetzt plötzlich, Gottes Wunder! — durch den Zaun der „Gelbe" auf den Fußsteig trat. Zwei junge Hasen hingen an seiner Weidtasche und auf seiner Schulter, am wohlbekannten Juchtenriemen, der Hinterlader des Oberförsters. Nun wär's eine Passion gewesen, den Racker niederzubrennen aus sicherem Hinterhalt.

Aber nicht einmal auf den schlechtesten Kerl schießt der Jäger Hopp, ohne ihn angerufen zu haben. Mit einem Satze springt er hinter dem Baum hervor und auf den Fußsteig und schreit: „Gib dich, Vermaledeiter!" Und als der Wildschütz zur Antwort den Hinterlader von der Schulter reißt, gibt der Jäger Feuer . . . All ihr Heiligen — ein sauberes Feuer! Die Flinte knackst, anstatt zu knallen. Sie hat zu lang mit aufgesetzter Kapsel im feuchten Wald am Baum gelehnt — sie versagt.

Gute Nacht, so sieht das Sterben aus, denkt der Alte . . . Doch nein — er ist heil, sein Hut nur fliegt, von Schroten durchlöchert, ins Gras . . .

Der andre hat auch kein Glück; das war der letzte Schuß in seinem Gewehr, und zum nächsten zieht er eben erst die Patrone aus der Tasche . . .

„Pack an!" ruft Hopp seinem Hunde heiser zu: „Pack an!" Und: „Herein, zu mir! Herein, Krambambuli!“ lockt es drüben mit zärtlicher, liebevoller — ach, mit altbekannter Stimme . . .

Der Hund aber — —

Was sich nun begab, begab sich viel rascher, als man es erzählen kann.

Krambambuli hatte seinen ersten Herrn erkannt und rannte auf ihn zu, bis — in die Mitte des Weges. Da pfeift Hopp, und der Hund macht kehrt, „der Gelbe“ pfeift, und der Hund macht wieder kehrt und windet sich in Verzweiflung auf einem Fleck, in gleicher Distanz von dem Jäger wie von dem Wildschützen, zugleich hingerissen und gebannt . . .

Zuletzt hat das arme Tier den trostlos unnötigen Kampf aufgegeben und seinen Zweifeln ein Ende gemacht, aber nicht seiner Qual. Bellend, heulend, den Bauch am Boden, den Körper gespannt wie eine Sehne, den Kopf emporgehoben, als riefe es den Himmel zum Zeugen seines Seelenschmerzes an, kriecht es — seinem ersten Herrn zu.

Bei dem Anblick wird Hopp von Blutdurst gepackt. Mit zitternden Fingern hat er die neue Kapsel aufgesetzt — mit ruhiger Sicherheit legt er an. Auch „der Gelbe“ hat den Lauf wieder auf ihn gerichtet. Diesmal gilt’s! Das wissen die beiden, die einander auf dem Korn haben, und was auch in ihnen vorgehen möge, sie zielen so ruhig wie ein paar gemalte Schützen.

Zwei Schüsse fallen. Der Jäger trifft, der Wildschütz fehlt.

Warum? Weil er — vom Hunde mit stürmischer Liebkosung angesprungen — gezuckt hat im Augenblick des Losdrückens. „Bestie!“ zischt er noch, stürzt rücklings hin und rührt sich nicht mehr.

Der ihn gerichtet, kommt langsam herangeschritten. Du hast genug, denkt er, um jedes Schrotkorn wär’s schad bei dir. Trotzdem stellt er die Flinte auf den Boden und lädt von neuem. Der Hund sitzt aufrecht vor ihm, läßt die Zunge heraushängen, keucht kurz und laut und sieht ihm zu. Und als der Jäger fertig ist und die Flinte wieder zur Hand nimmt, halten sie ein Gespräch, von dem kein Zeuge ein Wort vernommen hätte, wenn es auch statt eines toten ein lebendiger gewesen wäre.

„Weißt du, für wen das Blei gehört?“

„Ich kann es mir denken.“

„Deserteur, Kalfakter, pflicht- und treuvergessene Kanaille!“

„Ja, Herr, jawohl.“

„Du warst meine Freude. Jetzt ist’s vorbei. Ich habe keine Freude mehr an dir.“

„Begreiflich, Herr", und Krambambuli legte sich hin, drückte den Kopf auf die ausgestreckten Vorderpfoten und sah den Jäger an.

Ja, hätte das verdammte Vieh ihn nur nicht angesehen! Da würde er ein rasches Ende gemacht und sich und dem Hunde viel Pein erspart haben. Aber so geht's nicht! Wer könnte ein Geschöpf niederknallen, das einen so ansieht? Herr Hopp murmelt ein halbes Dutzend Flüche zwischen den Zähnen, einer gotteslästerlicher als der andere, hängt die Flinte wieder um, nimmt dem Raubschützen noch die jungen Hasen ab und geht.

Der Hund folgte ihm mit den Augen, bis er zwischen den Bäumen verschwunden war, stand dann auf, und sein mark- und beinerschütterndes Wehgeheul durchdrang den Wald. Ein paarmal drehte er sich im Kreise und setzte sich wieder aufrecht neben den Toten hin. So fand ihn die gerichtliche Kommission, die, von Hopp geleitet, bei sinkender Nacht erschien, um die Leiche des Raubschützen in Augenschein zu nehmen und fortschaffen zu lassen. Krambambuli wich einige Schritte zurück, als die Herren herantraten. Einer von ihnen sagte zu dem Jäger: „Das ist ja Ihr Hund." — „Ich habe ihn hier als Schildwache zurückgelassen", antwortete Hopp, der sich schämte, die Wahrheit zu gestehen. — Was half's? Sie kam doch heraus, denn als die Leiche auf den Wagen geladen war und fortgeführt wurde, trottete Krambambuli gesenkten Kopfes und mit eingezogenem Schwanze hinterher. Unweit der Totenkammer, in der „der Gelbe" lag, sah ihn der Gerichtsdiener noch am folgenden Tage herumstreichen. Er gab ihm einen Tritt und rief ihm zu: „Geh nach Hause!" — Krambambuli fletschte die Zähne gegen ihn und lief davon, wie der Mann meinte, in der Richtung des Jägerhauses. Aber dorthin kam er nicht, sondern führte ein elendes Vagabundenleben.

Verwildert, zum Skelett abgemagert, umschlich er einmal die armen Wohnungen der Häusler am Ende des Dorfes. Plötzlich stürzte er auf ein Kind los, das vor der letzten Hütte stand, und entriß ihm gierig das Stück harten Brotes, an dem es nagte. Das Kind blieb starr vor Schrecken, aber ein kleiner Spitz sprang aus dem Hause und bellte den Räuber an. Dieser ließ sogleich seine Beute fahren und entfloh.

Am selben Abend stand Hopp vor dem Schlafengehen am Fenster und blickte in die schimmernde Sommernacht hinaus. Da war ihm, als sähe er jenseits der Wiese am Waldessaum den Hund sitzen, die Stätte seines ehemaligen Glückes unverwandt und sehnsüchtig betrachtend — der Treueste der Treuen, herrenlos!

Der Jäger schlug den Laden zu und ging zu Bette. Aber nach einer Weile stand er auf, trat wieder ans Fenster — der Hund war nicht mehr da. Und wieder wollte er sich zur Ruhe begeben, und wieder fand er sie nicht.

Er hielt es nicht mehr aus. Sei es, wie es sei! . . . Er hielt es nicht mehr aus ohne den Hund. — Ich hol ihn heim, dachte er, und fühlte sich wie neugeboren nach diesem Entschluß.

Beim ersten Morgengrauen war er angekleidet, befahl seiner Alten, mit dem Mittagessen nicht auf ihn zu warten, und sputete sich hinweg. Wie er aber aus dem Hause trat, stieß sein Fuß an denjenigen, den er in der Ferne zu suchen ausging. Krambambuli lag verendet vor ihm, den Kopf an die Schwelle gepreßt, die zu überschreiten er nicht mehr gewagt hatte.

Der Jäger verschmerzte ihn nie. Die Augenblicke waren seine besten, in denen er vergaß, daß er ihn verloren hatte. In freundliche Gedanken versunken, intonierte er dann sein berühmtes: „Was macht denn mein Krambam . . .“ Aber mitten in dem Worte hielt er bestürzt inne, schüttelte das Haupt und sprach mit einem tiefen Seufzer: „Schad um den Hund.“

DIE SPITZIN

Zigeuner waren gekommen und hatten ihr Lager beim Kirchhof außerhalb des Dorfes aufgeschlagen. Die Weiber und Kinder trieben sich bettelnd in der Umgebung herum, die Männer verrichteten allerlei Flickarbeit an Ketten und Kesseln und bekamen die Erlaubnis, so lange dazubleiben, als sie Beschäftigung finden konnten und einen kleinen Verdienst.

Diese Frist war noch nicht um, eines Sommermorgens aber fand man die Stätte, an der die Zigeuner gehaust hatten, leer. Sie waren fortgezogen in ihren mit zerfetzten Plachen überdeckten, von jämmerlichen Mähren geschleppten Leiterwagen. Von dem Aufbruch der Leute hatte niemand etwas gehört noch gesehen; er mußte des Nachts in aller Stille stattgefunden haben.

Die Bäuerinnen zählten ihr Geflügel, die Bauern hielten Umschau in den Scheunen und Ställen. Jeder meinte, die Landstreicher hätten sich etwas von seinem Gute angeeignet und dann die Flucht ergriffen. Bald aber zeigte sich, daß die Verdächtigen nicht nur nichts entwendet, sondern sogar etwas dagelassen hatten. Im hohen Grase neben der Kirchhofmauer lag ein splitternacktes Knäblein und schlief. Es konnte kaum zwei Jahre alt sein und hatte eine sehr weiße Haut und spärliche hellblonde Haare. Die Witwe Wagner, die es entdeckte, als sie auf ihren Rübenacker ging, sagte gleich, das sei ein Kind, das die Zigeuner, Gott weiß wann, Gott weiß wo, gestohlen und jetzt weggelegt hätten, weil es elend und erbärmlich war und ihnen niemals nützlich werden konnte.

Sie hob das Bübchen vom Boden auf, drehte und wendete es und erklärte, es müsse gewiß irgendwo ein Merkmal haben, an dem seine Eltern, die ohne Zweifel in Qual und Herzensangst nach ihm suchten, es erkennen würden, „wenn man das Merkmal in die Zeitung setze“. Doch ließ sich kein besonderes Merkmal entdecken und auch später, trotz aller Nachforschungen, Anzeigen und Kundmachungen weder von den Zigeunern noch von der Herkunft des Kindes eine Spur finden.

Die alte Wagnerin hatte es zu sich genommen und ihre Armut mit ihm geteilt, nicht nur aus Gutmütigkeit, sondern auch in der stillen Hoffnung, daß seine Eltern einmal kommen würden in Glanz und Herrlichkeit, es abzuholen und ihr hundertfach zu ersetzen, was sie für das Kindlein getan hatte. Aber sie starb nach mehreren Jahren, ohne den erwarteten Lohn eingeheimst zu haben, und jetzt wußte niemand, wohin mit ihrer Hinterlassenschaft — dem Findling. Ein Armenhaus gab es im Dorfe nicht, und die Barmherzigkeit war dort auch nicht zu Hause. Wen um Gottes willen ging das halbverhungerte Geschöpf etwas an, von dem man nicht einmal wußte, ob es getauft war? „Einen christlichen Namen darf man ihm durchaus nicht geben", hatte der Küster von Anfang an unter allgemeiner Zustimmung erklärt; aber auf die Frage der Wagnerin: „Was denn für einen?" keine Antwort gewußt. „Geben's ihm halt einen provisorischen", war die Entscheidung gewesen, die endlich der Herr Lehrer getroffen, und die halb taube Alte hatte nur die zwei ersten Silben verstanden und den Jungen Provi und nach seinem Fundorte: Kirchhof genannt. Nach ihrem Tode waren alle darüber einig, daß dem Profi Kirchhof nichts Besseres zu wünschen sei, als eine recht baldige Erlösung von seinem jämmerlichen Dasein. Der Armselige lebte vom Abhub, kleidete sich in Fetzen — abgelegtes Zeug, ob von kleinen Jungen, ob von kleinen Mädchen, galt gleich — ging barhäuptig und barfüßig, wurde geprügelt, beschimpft, verachtet und gehaßt, und prügelte, beschimpfte, verachtete und haßte wieder. Als für ihn die Zeit kam, die Schule zu besuchen, erhielt er dort zu den zwei schönen Namen, die er schon hatte, einen dritten: „der Abschaum", und tat, was in seinen Kräften lag, um ihn zu rechtfertigen.

Da war im Orte die brave Schoberwirtin. Im vergangenen Herbst hatte Provi in einem Winkel ihrer Scheuer eine Todeskrankheit durchgemacht, ohne Arzt und ohne Pflege. Nur die Schoberin war täglich nachsehen gekommen, ob es nicht schon vorbei sei mit ihm, und hatte ihm jeden Morgen ein Krüglein voll Milch hingestellt. Die Gewohnheit, ihm ein Frühstück zu spenden, behielt sie bei, auch nachdem er gesund geworden war. Pünktlich um fünf fand er sich ein, blieb auf der Schwelle der Wirtsstube stehen und rief: „Mei Müalch!" Er bekam das Verlangte und ging seiner Wege. Einmal aber ereignete sich etwas ganz Ungewöhnliches. Der Wirt, der sonst seinen Abendrausch regelmäßig im Bette ausschlief, hatte ihn diese Nacht auf der Bank in der Wirtsstube ausgeschlafen und erwachte im Augenblick, in dem Provi auf die Schwelle trat und rief: „Mei Müalch!"

Was sagte der Lackel? Was wollte er? Schober dehnte und reckte sich. Ein verflucht kantiges Lager hatte er gehabt, seine Glieder schmerzten ihn, und seine Laune war schlecht. Der grobe Klotz Provi fand heute an ihm einen harten Keil. „Nicht zu verlangen, zu bitten hast, du Lump! Kannst nicht bitten?"

Der Junge riß die farblosen Augen auf, sein schmales Gesicht wurde noch länger als sonst, der große, blasse Mund verzog sich und sprach: „Na!"

Die Früchte, die ihm dieses Wort eintragen sollte, reiften sogleich. Schober sprang auf ihn zu, verabreichte ihm sein Frühstück in Gestalt einer tüchtigen Tracht Prügel und warf ihn zur Tür hinaus. Solche kleinen Zwischenfälle machten aber keinen Eindruck auf den Jungen. Wie alltäglich, fand er sich am nächsten Morgen wieder ein und forderte in gewohnter Weise „seine" Milch. Die Wirtin gab sie ihm, aber eine gute Lehre dazu:

„Du mußt bitten lernen, Bub, weißt? — bitten. Bist schon alt genug, bist g'wiß — ja, wenn man bei dir nur was g'wiß wüßt! — g'wiß schon vierzehn. Also merk dir, von morgen an: Wenn's kein Bitten gibt, gibt's keine Milch." Sie blieb dabei, ob es ihr auch schwer wurde. Wie schwer, sah Provi wohl, und es war ihm ein Genuß, eine Befriedigung seiner Lumpeneitelkeit. Ihm, dem Ausgestoßenen, dem Namenlosen, war Macht gegeben, der reichsten Frau im ganzen Orte Stunden zu trüben und die Laune zu verderben. Sie blickte ihm mit Bekümmernis nach, wenn er ohne Gruß an ihrer Tür vorüberging, zur Arbeit in den Steinbruch.

Dort taglöhnerte er jetzt beim Wegemacher, der ihn in Kost genommen und ihm ein Obdach im Ziegenstall gegeben hatte. Der Wegemacher brauchte nicht, wie die andern Leute, den Umgang mit Provi für seine Kinder zu fürchten. Die fünf Wegemacherbuben konnte der Auswürfling nichts Böses lehren, sie wußten ohnehin schon alles und waren besonders Meister in der Tierquälerei. Die Ziegen, Kaninchen, die Hühner, die ihnen untertan waren, und der Haushund, die unglückliche Spitzin, gaben Zeugnis davon, ihre Narben erzählten davon und ihre beschädigten Beine und ihre gebrochenen Flügel. Provi fand sein Ergötzen an dem Anblick der Roheit, den er jetzt stündlich genießen konnte. Er fing für die kleineren der Buben Vögel ein und gab sie ihnen „zum Spielen", und diese Opfer konnten von Glück sagen, wenn sie kein allzu zähes Leben hatten.

Das ärmste von den armen Tieren der Wegemacherfamilie war aber die alte Spitzin. Sie lief nur noch auf drei Beinen und hatte nur noch ein Auge. Ein Fußtritt des erstgeborenen unter ihren Peinigern hatte sie krumm, ein Steinwurf sie halb blind gemacht. Trotz dieser Defekte trug sie ihr impertinentes Näschen hoch und ihr Schwänzchen aufrecht, bellte jeden fremden Hund, der sich blicken ließ, wütend an, und ihre Beschimpfungen gellten ihm auf seinem Rückzuge nach. Die Söhne des Wegemachers fürchtete, ihn selbst haßte sie, weil er ihr ihre kaum geborenen Jungen immer wegnahm und, bis auf ein einziges, in den See warf.

Zur Zeit, in der Provi beim Wegemacher Steine klopfte und Sand siebte, bekam die Spitzin noch im Greisenalter abermals Junge, ihrer vier, von denen drei gleich ins Wasser mußten. Sie konnte kaum eines mehr ernähren, sie war zu alt und zu schwach, und es sah ganz danach aus, als ob sie nicht mehr lang leben sollte. Das Geschäft des Ersäufens übertrug der Vater an jenem Tage seinem Ältesten, dem Anton, und dem machte etwas, das einem anderen Geschöpfe wehtat, dieses Mal kein Vergnügen. Die Spitzin war bissig wie ein Wolf, wenn sie Junge hatte.

„Der Vater fürcht si vor ihr", sagte Anton zu Provi, „drum schickt er mi. Komm mit, halt sie, wenn ich ihr die Jungen nimm, halt ihr's Maul zu, daß s' mi nit beißen kann."

Im Holzverschlag neben dem Ziegenstalle, auf einer Handvoll Stroh, lag zusammengeringelt die schwarze Spitzin, und unter ihr und um sie herum krabbelten ihre Kleinen und winselten und suchten mit blinden Augen und tasteten mit weichen, hilflosen Pfötchen.

Die Spitzin hob den Kopf, als die Knaben sich ihr näherten, ließ ein feindseliges Knurren vernehmen, fletschte die Zähne.

„Dummes Viech, grausliches!" schrie Anton und streckte halb zornig, halb ängstlich die Hand nach einem der Hündchen aus. „Halt sie, halt sie! Daß s' mi nit beißt!"

Schon recht, wenn s' di beißt, dachte Provi. Es fiel ihm nicht ein, sich um Antons willen in einen gefährlichen Kampf mit der Hündin einzulassen; nur um die eigene Sicherheit war ihm zu tun, und so nahm er seine Zuflucht zu einer Kriegslist, kauerte auf den Boden nieder und hob mit kläglicher Stimme an: „O die orme Spitzin, no jo, no jo! Ruhig, orme Spitzin, so, so . . . ma tut ihr jo nix, ma nimmt ihr jo nur ihre Jungen, no jo, no jo!"

Die Spitzin zauderte, knurrte noch ein wenig, doch mehr behaglich jetzt als bösartig. Die Worte, die Provi zu ihr sprach, verstand sie nicht, aber ihren sanften, beschwichtigenden Ton verstand sie, und dem glaubte sie. Was wußte die Spitzin von Arglist und Heuchelei? Ein Mensch sprach einmal gütig zu ihr, so war auch seine Meinung gütig. Sie legte sich wieder hin, ließ sich streicheln, schloß bei der ungewohnt wohltuenden Berührung wie zu wonnigem Schlafe ihr Auge. Die Schnauze steckte sie in Provis hohle Hand und leckte sie ihm dankbar und zärtlich.

„No — also no!" rief der den Kameraden an: „Pack 's z'amm. Mach g'schwind!"

Anton griff zu, und im nächsten Augenblicke sprang er auch schon mit drei Hündchen in den Armen aus dem Verschlag, in großen, fröhlichen

Sätzen über die Straße, die Uferböschung zum See hinab. Provi folgte ihm eiligst nach; den Hauptspaß, mit anzusehen, wie die Hündchen ertränkt wurden, konnte er sich nicht entgehen lassen.

Es war merkwürdig, daß von nun an die Nachbarschaft der Spitzin dem Provi völlig widerwärtig zu werden begann. Nur schlecht gefügte Bretter trennten seine Schlafstätte von der ihren, und jede Nacht störte sie ihn mit ihrem Gewinsel. Im Kopfe der Alten war ein „Radel laufet“ worden, sonst hätte sie doch nach einiger Zeit begriffen: Die Jungen sind fort und nie, nie mehr zu finden, und man muß endlich aufhören, nach ihnen zu suchen. Dieses Mal hörte sie nicht auf. Sie mußte von einem Tag zum andern immer wieder vergessen, daß sie gestern schon alle Winkel umsonst durchsucht hatte. Sie schnüffelte, sie kratzte an der Tür, scharrte ihr bißchen Stroh auseinander und wieder zusammen, kroch hinter den Holzstoß, drängte sich in die Ecke, in der die Werkzeuge lehnten, warf einmal ein paar Schaufeln um und flüchtete voll Entsetzen. Eine Zeitlang war Ruhe, dann trippelte sie wieder herum und suchte und suchte! Und ihr Trippeln weckte ihn, an dem früher die brüllenden Rinderherden vorüber gezogen waren, ohne ihn im Schlafe zu stören. Wenn er schlief, schlief er, verschlief Hunger und Müdigkeit; dazu vor allem brauchte er den bombenfesten Schlaf, um den er plötzlich gekommen war; denn jetzt schrak er auf beim Herumgehen und Schnüffeln der Alten. Und kalte Schweißtropfen liefen ihm über die Stirn in der „Baracken“, der den ganzen Tag die Sonne aufs Dach schien, und in der es so heiß war, daß es in der Hölle nicht heißer sein kann . . . Ob das auch mit rechten Dingen zuging, ob nicht etwas Übernatürliches dahinter steckte? Freilich, der Anton sagt, es gibt nix Übernatürliches. Aber der Allergescheiteste ist der Anton am Ende doch nicht, und dem Provi ist manchmal sogar vorgekommen, daß er ein großer Esel ist; was man allerdings nicht sagen darf, ohne furchtbar gedroschen zu werden von ihm und von seinem Vater; Provi weiß das aus Erfahrung.

An den Wegemacherleuten hatte er seine Meister gefunden, die bändigten ihn mit Schlägen und mit Hunger. „Sticht dich der Hafer?“ hieß es bei der geringsten Widersetzlichkeit, und von der elenden und ungenügenden Ration zog ihm sein Herr die Hälfte ab.

Jeder andre wär schon draufgegangen, sagte er sich selbst; er jedoch wollte nicht draufgehen, er wollte noch viel Zeit haben, um den Menschen alles Böse, das sie ihm getan hatten, mit Bösem zu vergelten. Daß es auch einige gab, die ihm Gutes getan hatten, war längst vergessen; und was die Schoberwirtin betraf, die alte Hex, gegen die hegte er einen unversöhnlichen Groll. Warum schenkte sie ihm nichts mehr, sie, die so viel Geld hatte und so viele Sachen? Sie wußte gewiß nicht, wohin mit ihrem Reichtum, und gab doch nichts umsonst, wollte gebeten werden um ein paar armselige Tropfen Milch. Wie sie ihn ansah, wenn er vorüberging . . . förmlich herausfordernd: So bitt doch! — Die Krot, die! die konnte warten. Einmal hatte sie ihn gar angesprochen: „Du schaust aus! Wie der leibhaftige Hunger schaust aus! Hast noch nicht bitten g'lernt?“ Er rief ihr ein freches Schimpfwort zu und schritt weiter.

Eine Woche verging. Immer noch hatte die Spitzin sich nicht ganz beruhigt, suchte und schnüffelte immer noch, besonders bei Nacht, in ihrem Verschlage herum. So geschah es, daß sie den Provi einst zu besonders unglücklicher Stunde weckte. Er hatte sich so spät erst auf seiner Lagerstätte aus Hobelspänen und schmutzigem Heu hinstrecken können, weil er noch, nach beendetem Arbeitstage, die Ziegen, die der Wegemacher ins nächste Dorf verkauft, dorthin hatte treiben müssen. Und auch jetzt kein Ende der verfluchten Plackerei, nicht wenigstens ein paar Stunden ungestörten Schlafes? Die Spitzin scharrte und suchte und suchte, und Provi drohte und polterte mit den Füßen gegen die Bretterwand. Sie gab nach, ein Stück von ihr fiel krachend hinüber ins Bereich der Spitzin. Sie stieß ein erschrockenes Gebell hervor, das Kleine winselte, dann war alles still. „Teixel übereinander, wirst jetzt an Fried geben, Rabenviech?“ murmelte Provi und legte sich zurecht und zog die Knie bis zum Kinn herauf, denn so „schlief es sich am besten“. Aber just jetzt wollte es mit dem Einschlafen nicht gehen, trotz der Stille und trotz seiner Erschöpfung und trotz seiner Schlaftrunkenheit! Allerlei Gedanken kamen einhergeschlichen, ganz neue Gedanken, nie von ihm gedachte. Ja, die Spitzin war ein Rabenvieh mit ihrer Sucherei; wenn aber seine Mutter auch so gewesen wäre wie sie und so rastlos nach ihm gesucht hätte, sie hätte ihn gewiß gefunden; er hatte ja in der Zeitung gestanden, er war angeschlagen gewesen auf dem Bezirksamt. Am End hat sie sich's gar nicht verlangt, ihn zu finden. Die Zigeuner haben ihn am End gar nicht gestohlen, seine Mutter — „die Miserabliche!“ hat ihn ihnen am End geschenkt, noch drauf gezahlt vielleicht, daß sie ihn nehmen . . . No jo! vielleicht wird sie sich seiner geschämt haben, war vielleicht was Hohes, eine Bauerstochter oder eine Wirtstochter . . . Verfluchter Kuckuck! wenn sie so eine Wirtstochter gewesen wäre und ihn behalten hätte . . . Alle Sonntag würde er sich seinen Rausch angetrunken haben, und den Montag hätte er immer blau gemacht und im Wirtshaus und auf der Kegelbahn geraucht, getrunken, gerauft. Ein Götterleben malte er sich aus, als — verfluchtes Rabenviech! die Spitzin nebenan wieder anfing zu stöhnen und zu kratzen und ihn aus seinen Träumen riß, die so wonnig gewesen waren. Voll Zorn richtete er sich auf, nahm ein Scheit Holz, trat über die niedergeworfenen Bretter in den Verschlag des Hundes und führte knirschend wuchtige Schläge gegen den Boden, auf dem die Spitzin im Dunkeln ängstlich umherschoß. Er sah nicht, wohin er traf, er drosch zu nach rechts und nach links, vorwärts und rückwärts und endlich – da hatte er sie erwischt, da zuckte etwas Weiches, Lebendiges unter seinem wütend geführten Hieb. Ein kurzes, klägliches — ein anklagendes Geheul ertönte, gellte grell und förmlich schmerzhaft an Provis Ohr. Es überrieselte ihn. Was für ein seltsames Geheul das gewesen war . . . „No jo" — das „Rabenviech" hat jetzt genug, wird Ruh geben, eine Weile wenigstens.

Er kehrte zu seiner Lagerstätte zurück, kauerte sich zusammen und schlief gleich ein.

Nach ein paar Stunden erwachte er plötzlich. Die aufgehende Sonne sandte einen feurigen Strahl aus, der ihm durch eine Luke in der Tür des Verschlages und durch die Bresche in der Wand leuchtend rot ins Gesicht blitzte. Er öffnete die Augen und stand auf. Die Spitzin kam ihm plötzlich und recht unbehaglich ins Gedächtnis. Wenn er sie „so" totgeschlagen haben sollte heute nachts, würde der Wegemacher, der keinen Eingriff in sein Eigentum duldete, schwerlich versäumen, ihn selbst halbtot zu schlagen. „No jo!" dachte er und fuhr mit den zehn Fingern durch seine staubigen Haare, um die Heustengel zu entfernen, die sich in ihnen verfangen hatten.

Da rührte sich etwas zwischen den Brettern, da kroch es langsam heran. Die Spitzin kroch heran und schleppte ihr Junges im Maul herbei. Sie hatte es an der Nackenhaut gefaßt und benetzte es mit ihrem Blute; denn es floß Blut aus ihrem Maule, ein dünner Faden, die Brust entlang. Zu Provi schleppte sie ihr Junges, legte es vor ihn nieder, drückte es mit ihrer Schnauze an seine nackten Füße und sah zu ihm hinauf.

Und ihr Auge hatte eine Sprache, beredter als jede Sprache, die die schönsten Worte bilden kann. Sie äußerte ein grenzenloses Vertrauen, eine flehentliche Bitte, und man m u ß t e sie verstehen. Wie das Sonnenlicht durch die geschlossenen Lider Provis gedrungen war, so drang der Ausdruck dieses Auges durch den Panzer, der bisher jede gute Regung von der Seele des Buben ferngehalten hatte.

— „Jo! jo!" stahl es sich von seinen Lippen. Er antwortete ihr, die nun hinfiel, zuckte, sich streckte . . . die er erschlagen hatte und die gekommen war, ihm sterbend ihr Kleines anzuvertrauen.

Provi zitterte. Eine fremde, unwiderstehliche Macht ergriff ihn, umwirbelte ihn wie ein Sturm. Sie warf ihn nieder, sie zwang ihn, sein Gesicht auf das Gesicht des toten Hundes zu pressen und ihn zu küssen und zu liebkosen. Sie war's, die aus ihm schrie: „Jo du! Jo du! — du bist a Muatta g'west!" Sein Herz wollte ihm zerspringen, ein Strom von wildem Leid, von quälender Pein durchtobte es und erschütterte es bis auf den Grund. Ein vom himmlischen Schmerze des Mitleids erfülltes Kind wand sich schluchzend auf dem Boden und weinte um die alte Spitzin und weinte über ihr Kleines, das sich an seine Mutter drängte und sie anwinselte und Nahrung suchte an dem früher schon so spärlich fließenden und jetzt gänzlich versiegten Quell.

„'s is aus, da kriegst nix mehr", sagte Provi, nahm das Hündchen in seine Hände, legte es an seine Wange und hauchte es an; es zitterte und winselte gar so kläglich. „Hunger hast, Hunger hast, no jo! no jo!" — Was anfangen mit dem anvertrauten Gut? „Verfluchter Kuckuck", wenn doch noch die Ziegen da wären! Er würde eine melken, er tät's, trotz der schrecklichen Strafe, die drauf steht. Aber die Ziegen sind fort, und bis ihm jemand im Wegemacherhaus einen Tropfen Milch für einen Hund schenkt, da kann er lang warten. „Ins Wasser dermit!" wird's heißen, sobald sie hören, daß die Spitzin tot ist.

„Ins Wasser kummst", sagte er zum Hündchen, das etwas von dem guten Glauben der Mutter an ihn geerbt haben mußte; es schmiegte sich in seinen Hals, saugte an seinem Ohrläppchen und klagte ihm seinen Hunger mit Stöhnen und Wimmern.

„No jo! —" er wußte schon; nur wie zu helfen wäre, wußte er nicht. Was soll er ihm zu essen geben? Um zu vertragen, was er hinunterschlingt, dazu gehört ein anderer Magen, als so ein Kleines hat . . . Aber — verfluchte Krot! — jetzt kam ihm eine Eingebung, jetzt wußte er auf einmal doch, wie zu helfen wäre. Aber — verfluchte Krot! Dieses Mittel konnte er nicht ergreifen — lieber verhungern. Der Entschluß saß eisenfest in seinem oberösterreichischen Dickschädel . . . Freilich dämmerte ihm eine Erkenntnis auf, von der er gestern keine Ahnung gehabt hatte — verhungern lassen ist noch etwas ganz anderes, als verhungern. Das Kleine gab das Saugen am Ohrläppchen auf; davon wurde es ja doch nicht satt. In stiller Verzweiflung schlossen sich seine kaum dem Lichte geöffneten Augen, und Provi fühlte es nur noch ganz leise zittern.

Gequält und scheu blickte er zur toten Spitzin nieder. Ja, wenn das Junge leben soll, darf man ihm die Mutter nicht erschlagen.

„No, so kumm!" stieß er plötzlich hervor und sprang aus dem Stall in den Verschlag und schritt resolut vorwärts und dem Dorfe zu, biß die Zähne zusammen, daß sie knirschten, sah nicht rechts noch links und ging unaufhaltsam weiter.

Noch rührte sich nichts auf den Feldern, erst in der Nähe der Häuser fing es an, ein wenig lebendig zu werden. Ein schlaftrunkener Bäckerjunge schritt über die Straße zum Brunnen, der Knecht des Lohbauers spannte einen dicken Rotschimmel vor den Streifwagen. Aus dem Tor des Wirtshauses kam die alte Magd, von jeher Provis erklärte Feindin. Voll Mißtrauen beobachtete sie sein Herannahen, erhob die Faust und befahl ihm, sich zu packen. Ihn störte das nicht, er ging an ihr vorbei wie einer, der mit dem Kopf durch die Wand will. Finster und entschlossen, das Kinn auf die Brust gepreßt, trat er durch die offene Küchentür. Die Wirtin, die am Herde stand, wandte sich . . . „Grad zum Fürchten" sah der Bub aus, und seine Stimme klang so rauh und hatte etwas so Schmerzhaftes, als ob ihr Ton die Kehle zerrisse, durch die er gepreßt wurde:

„Schoberwirtin, Frau Schoberwirtin, i bitt um a Müalch."

Das war die Wendung in einem Menschenherzen und in einem Menschenschicksal.

DER FINK

„Lux! Lux! Herein da! Gleich da herein! Garstiges, grausliches, miserables Tier!“ In allen Winkeln ihres Gedächtnisses suchte sie nach einem tödlich beschämenden Schimpfwort, um es dem Hunde an den Kopf zu schleudern, noch ehe sie selbst bei ihm ankam und ihm all das Üble antat, das sie gegen ihn im Sinn führte.

Der Hund war ein großer, weißer, kurzhaariger Spitz. Er hatte einen rabenschwarzen Fleck über dem halben Gesicht und dem halben linken Ohr, was ihm etwas ungemein Herausforderndes gab, und er konnte so verächtlich dreinschauen wie kein zweiter Hund auf der Welt. Ganz flüchtig sah er sich nach dem schlanken Persönchen mit den blonden, nach Knabenart geschnittenen Haaren um, das auf ihn zugeeilt kam, und wendete seine Aufmerksamkeit gleich wieder etwas Kleinem, Lebendigem zu, das sich im Grase regte, beschnüffelte es, betupfte es mit seiner Pfote.

„Marsch!“ — Das R in dem Worte klang wie eine lange Reihe von R, die nacheinander gesprochen worden waren, also fast wie rollender Donner. Zugleich erhielt der Spitz einen Faustschlag in die Flanke, der mit aller Kraft geführt war, über die ein achtjähriges, eher zartes als starkes Mädchen disponiert. Pia tat sich dabei mehr weh als ihm, denn der Hund mußte irgendeinen Vorfahren vom Geschlecht der Wale haben, wenigstens schien er aus lauter Fischbein zu bestehen.

Puterrot und die Augen voll Tränen kniete Pia jetzt im Grase und hielt das kleine Lebendige in ihren Händen, streichelte, küßte, bedauerte es: das liebe, arme, ach so klein! so arm! Ein ganz junges Finklein. Zu früh hatte es sich aus einem der Nester auf der großen Rüster gewagt, dem ältesten unter den alten Bäumen des Gartens, der gar vielen Vögeln Obdach gewährte. Fast so hoch wie der Schloßturm ragte sein Wipfel; seine Äste und Zweige bildeten einen Hain. Wie konnte das verirrte, erschöpfte Vögelchen den Weg zurückfinden ins Vaterhaus?

Es schien sich der ganzen Größe seines Unglücks bewußt, stieß von Zeit zu Zeit jämmerliche Piepse aus, zwinkerte in Qual und Todesangst mit den dunkeln, glänzenden Äuglein. Sein Körperchen zuckte, sein Herz schlug mit rasender Schnelligkeit. Es war gewiß schwer verletzt. Der garstige Lux hatte es gebissen oder ihm vielleicht die Brust eingedrückt ... was wußte Pia, was er ihm getan! Und jetzt hatte das miserable Tier noch die Unverschämtheit, heranzutreten, ganz vertraulich die Schnauze auf ihre Schulter zu legen, nachdem er diese selbe Schnauze mehrmals rasch hintereinander mit der Zunge abgeleckt, um ihr mit seinen sehr sprechenden Augen und seiner unschuldigen Missetätermiene zu sagen:

„Gib mir das Ding zurück! Ich hab's gefunden, 's ist mein. Ich brauch's zum Spielen. Es quietscht so nett, wenn ich drauf tupfe mit meiner Pfote!"

„Marrrsch!" Wieder rollte das R wie Donner, Pia sprang auf und gab dem Lux einen Tritt, bei dem sie sich fast den Fuß verrenkte und der ihn lächeln machte.

Sie rannte ins Schloß, in die Küche, ließ sich Milch und Weißbrot geben und versuchte, das Finklein zu füttern. Sie verstand sich auf die Kunst. Drei aus dem Nest gefallene Spatzen hatte sie im vorigen Sommer prächtig aufgebracht, und zwei von ihnen waren in noch zarterem Alter gestanden als das Finklein. Aber freilich, das waren eben Spatzen gewesen, zäh und ordinär, solche, wie es Hunderttausende gibt, nichts Feines, Exquisites, das auf ganz andere Lebensbedingungen gestellt ist als die große Masse.

Das Finklein verschmähte die Nahrung, die seine Wohltäterin ihm bot, und wenn sie ihm den Schnabel öffnete und ihm ein Tröpfchen Milch einflößte, schluckte es nicht einmal.

Die Köchin, eine majestätische, dicke Person mit einem Suppentellergesicht und blauen, schmachtenden Augen, hatte von ihrer großen, blanken Werktafel aus den Bemühungen Pias mitleidig zugesehen.

„Sie plagen das arme Tier umsonst", sagte sie sanft und freundlich. „Geben Sie's her! Ich mach's tot."

„W—as? tot machen?" Pia hob das schmucke Köpfchen, streckte sich, wurde ordentlich größer vor Entrüstung. „Sie wird man tot machen, Sie Grausame . . ."

Die Mörderin unzähliger Tauben, Hühner, Perhühner, Truthühner zuckte mit ruhigem Selbstbewußtsein die Achseln: „Ich bin nicht grausam; ich könnt' ein armes Tier, dem nicht mehr zu helfen ist, nicht so leiden sehen, weil's mich freut, mit ihm zu spielen."

Pia schauderte; sie stürzte aus der Küche hinaus, fort von der Entsetzlichen, der Totmacherin von Beruf, die so schreckliche Dinge sagte und vielleicht sogar — recht hatte:

Weil es sie freut, mit ihm zu spielen?

Wenn das wahr ist, dann ist sie ja viel schlechter als Lux, der keine Vernunft hat und ein Nebentier quält, ohne zu wissen, was er tut . . . Menschen haben einen andern Standpunkt und eine andre Verantwortlichkeit.

Was ist neulich geschehen, als der Tierarzt zum alten Jagdhund Flock gerufen wurde und erklärte, daß er unheilbar krank sei? Da hat die Großmutter zu Papa gesagt: „Erlös ihn! Spend ihm eine gnädige Kugel! Er soll den Tod eines braven Jagdhundes sterben." — Und Papa, dieser engelsgute Papa, hat ein Gewehr genommen, ist hingegangen und hat den alten Flock erschossen. Und Flock war Papas Lieblingshund.

„Du bist auch mein Liebling", flüsterte sie dem Vogel zu, „und ich will dich von deinen Leiden erlösen. Und ich weiß den schönsten Tod für dich, den schönsten Vogeltod. Im letzten Augenblick noch sollst du glauben können: ‚Jetzt flieg ich.' Und dann wird alles aus sein. Bei einem Vogel ist dann alles aus."

Sie lief über den Hof, in den Gang und die Stufen hinauf, die zur Wohnung des Turmwartels führten.

Kein wirklicher Wartel. Er hieß nur so und war ein greiser, pensionierter Hausdiener. Er tat auch nichts mehr, außer Tabak schnupfen und schlafen. Den Turm sah er als seine eigenste Domäne an, und weil er selbst nicht mehr hinaufstieg, war sein schwarzer Kater angewiesen, die Besucher zu begleiten.

Die Tür des Wartelzimmers war nur angelehnt und hatte ein großes Guckloch. Pia warf im Vorübergehen einen Blick hindurch. Der Alte schlief in seinem Lehnstuhl, der Kater saß neben ihm auf dem Tisch und lauerte. Die Kleine erblicken und auf den Boden springen war eins. Er zwängte sich durch den Türspalt wie eine Schlange aus Samt und schlich hinter Pia her, unhörbar auf seinen elastischen Pfoten. Immer näher kam er heran, schmiegte sich an sie, warf ihr aus den großen, runden Topasaugen forschende Blicke zu.

Ob er den Vogel witterte? Ob er ahnte, was Pia in der Hand trug?

Auf der Treppe lag der Staub fingerdick, und ein unheimliches Zwielicht herrschte. Die wenigen Fenster waren nicht viel breiter als eine Zaunlatte und mit Schmutz und Spinnweben überzogen. Manchmal huschte etwas vorüber — eine Ratte gewiß. Dann schoß der Kater drauf los, und dann gab's einen kurzen, wütenden Kampf, ein schrilles Pfeifen gellte, ausgestoßen in Schmerz und Todesnot.

Und das Raubtier war wieder da, und seine gelben Augen leuchteten und sahen wieder und wieder zu Pia hinauf und schienen zu sagen: „Die rechte Beute hab' ich noch nicht, die möchtest du mir vorenthalten. Wart nur, ich hole sie mir, ich bin stark, ich habe Krallen."

Der Kleinen wurde bang, sie hastete, sie lief die Stiege hinauf. Ach, die wollte heute kein Ende nehmen! Und die Stufen waren so steil, und so schwindelig wurde man bei dem ewigen Rundherum und Rundherum!

Seit einer Weile schon hatte das Finklein kein Lebenszeichen gegeben. Plötzlich rührte sich's, sträubte seine Federn, seine Füßchen zappelten und zuckten . . .

Vorüber . . . nichts mehr. Das war vielleicht das Letzte. Das Finklein war vielleicht jetzt gestorben. Pia trug eine kleine Leiche in ihrer Hand . . .

Schrecklich, schrecklich, der Tod ist etwas Schreckliches, und ihn da haben, ihn fühlen . . . Ein Grauen überrieselte sie, und sie flüsterte dem Vogel zu:

„Stirb nicht, stirb nicht in meiner Hand!“ Sie legte seinen Kopf an ihre Wange, hauchte leise über ihn hin, und — schrie auf. Der Kater war mit einem wilden Satze heraufgesprungen, ihr fast ins Gesicht, und fauchte und dräute. Eine feige Regung stieg in dem Kinde auf: Gib es ihm! Gib ihm das Vögelchen! Es ist ja tot . . . Aber vielleicht doch noch nicht ganz tot, und kann sich noch fürchten, noch etwas davon fühlen, wie es zerfleischt wird. Nein, und — nein! man hat doch seinen Kopf, man wird nach seinem eigenen Kopf tun und nicht nach dem eines ekelhaften alten Katers.

„Fort, Unkatz! Unkatz!“ ruft sie, und daß sie einen so verletzenden Namen für ihn gefunden hat, freut sie, stärkt sie. Sie stürmt die Stufen hinauf.

Da endlich war sie angelangt beim Pförtlein, das auf die Plattform führt. In seinem altersgrauen, von oben bis unten geborstenen Holze bildete das hereinströmende Sonnenlicht goldene und diamantene Stäbe.

Pia stieß es auf und betrat die Plattform. Der Kater ihr auf den Fersen. Sie fürchtete ihn nicht mehr, sie küßte den Vogel noch einmal auf sein Köpflein.

„Jetzt erlös' ich dich, bald wirst du nicht mehr leiden. Du wirst fallen — fallen — es wird dir sein wie im Traum.“

Über die Mauerbrüstung gebeugt, blickte sie hinab.

Lauter Wipfel, und der alle überragte, war der der alten Rüster, und er schien so nahe, daß man meinte, ihn greifen zu können. Und ganz oben in den feinsten Zweiglein seiner Krone huschte es unstet hin und her, ward ein banges Schreien und Klagen laut, und so klein die Brust, der es entquoll, so groß und verzweiflungsvoll der Schmerz, der sich darin aussprach.

„Bist du's, Finkenmutter? Bist du's, Arme? Du wirst dein Kind wiedersehen, es kommt, aber es ist tot.“ Pia streckte den Arm aus, und im Augenblick war der Kater dicht an sie heran auf die Mauer gesprungen.

„Du bekommst ihn nicht, du nicht!“ rief das Mädchen, drückte einen Moment die Augen fest zu und öffnete die Hand.

Das Vöglein entglitt ihr und sank eines Atemzugs Dauer. Dann . . . Herr Jesus, Herr Jesus – es war nicht tot, es lebte! Seine Flügel spreizten sich, aus seiner Kehle drang leises, halb banges, halb freudiges Zwitschern; es flog, ein bißchen ungeschickt und wie trunken, aber flog dem Wipfel der Rüster zu, und dort erschallte ein Jubeln, ein Jauchzen seligen Entzückens. Dazwischen ein eifriges, fragendes, besorgtes Piepsen: „Wie geht's? Bist gesund? Fehlt dir nichts?"

„Nein, jetzt fehlt ihm nichts mehr!" Pia brach in helles Lachen aus. Sie lachte dem Kater ins runde, flache, ins kläglich bestürzte Gesicht.

„Spring nach! Hol dir's, alter, dummer Kater! Es ist gerettet vor dir, vor allen seinen Feinden, es ist bei seiner Mutter."

Sie hielt plötzlich inne, sah nachdenklich in die Ferne und wiederholte langsam: „Bei seiner Mutter."

Wie einem da ist, wußte sie schon lange nicht mehr . . . Sie war damals gar so klein gewesen . . . Aber herrlich muß es sein, für einen Vogel und — für ein Kind.

NACHWORT

Der Ausgang des ersten Weltkrieges war noch ungewiß, und die österreichisch-ungarische Donaumonarchie bestand noch, als zwei ihrer ältesten Repräsentanten, der Kaiser Franz Joseph und die Freifrau Marie von Ebner-Eschenbach, in demselben Jahr 1916 verstarben — beide in ihrem 86. Lebensjahr.

Der Todestag der Freifrau war der 12. März; sie starb in ihrer Wiener Stadtwohnung. Geboren wurde sie am 13. September 1830 auf dem Schloß des väterlichen Familiengutes Sdißlavitz in dem Grenzland Mähren. Durch ihre Herkunft mischen sich in ihr deutsche und slavische Elemente: die väterliche Familie der Dubsky und die mütterliche der Vockel; die Komteß Marie von Dubsky sprach tschechisch und französisch früher als deutsch. Und es bedurfte einer Anregung von außen und eines persönlichen Entschlusses, damit sie sich für ein Denken und Dichten in deutscher Sprache entschied. Die Anregung gab dem Kind ihr fünfzehn Jahre älterer Vetter Moritz Freiherr von Ebner-Eschenbach, ein Hauptmann und Professor der Naturwissenschaften an der Ingenieur-Akademie in Wien, den sie dann in ihrem 18. Lebensjahr heiratete und dem sie in fünfzigjähriger kinderloser Ehe glücklich verbunden blieb — bis zu seinem Tode im Jahre 1898.

Diese Daten umgrenzen den Bezirk des Lebens und Wirkens der Dichterin Marie von Ebner-Eschenbach, die mit Ferdinand von Saar zu den letzten großen Vertretern der österreichischen Erzählkunst des alten Reiches gehört. Aber bis sie das wurde, dazu bedurfte es eines langen Weges, und viele Hindernisse mußten überwunden werden. Zunächst das in Österreich damals noch vorhandene Standesvorurteil des Adels gegen eine Angehörige, die sich als Schriftstellerin versuchte. Der Adel besuchte zwar gern das Theater, und auch Marie sah schon früh Vorstellungen auf der Wiener Volksbühne; später nahmen die Eltern die Kinder mit ins Burgtheater, und die Stiefmutter schenkte der Zwölfjährigen Schillers sämtliche Werke — das für sie „denkwürdigste Ereignis“ ihrer Kinderjahre! Aber das alles mußte natürlich Unterhaltungs- und Bildungskunst bleiben, es durfte nicht mit Leidenschaft ergriffen und ausgeübt werden, und schon gar nicht von einer Frau!

Das verstieß auch gegen die Auffassung der bürgerlichen Gesellschaft, und noch 1879 konnte Marie von Ebner-Eschenbach schreiben: „Bei uns hat eine neuerfundene Naturgeschichte die Entdeckung gemacht, daß die Frau an und für sich nichts ist, daß sie nur etwas werden kann durch den Mann, dem sie in Liebe angehört, dem sie sich in Demut unterwirft, in dessen Leben das ihre aufgeht. Ein so unvollkommenes Wesen besitzt selbstredend kein vollkommenes Talent."

Als die Dichterin das schrieb, hatte sie endlich in der Erzählkunst ihre wahre Begabung erkannt und auf die Dramendichtung verzichtet, in der sie sich lange Jahre ohne wesentliche Erfolge versucht hat: Otto Ludwig sprach von einer Kombination von Schiller und Scribe!

1875 sind bei Cotta ihre ersten kleineren Erzählungen erschienen, 1876 die große Erzählung „Bozena", und 1879 nimmt Julius Rodenberg die Erzählung „Lotti, die Uhrmacherin" für die „Deutsche Rundschau" an, die damals angesehenste deutsche Zeitschrift. 1884 erscheinen dann die „Dorf- und Schloßgeschichten", zu denen auch „Krambambuli" gehört.

Der Titel „Dorf- und Schloßgeschichten" umschreibt die Themen, mit denen die Erzählungen sich beschäftigen und enthält auch einen Hinweis auf die Eigenart dieser Erzählkunst, die — im Gefolge Turgenjews — den „Staub der Landstraße" nicht vermeidet, die aber „möglichst einfach die Lebensgeschichte oder ein Stück Lebensgeschichte eines Menschen erzählen will, dessen Geschicke (der Dichterin) besonderes Interesse eingeflößt haben."

Bis auf wenige Ausnahmen erzählt die Ebner-Eschenbach ihre Geschichten aus dem Leben in der Form der Novelle. Zu den größeren Erzählungen gehört die Geschichte der „Freiherrn von Gemperlein" und der Roman „Das Gemeindekind", eines ihrer bekanntesten Bücher. Bis heute lebendig geblieben sind außer den Erzählungen auch die „Parabeln und Märchen" und die „Aphorismen" — Sprüche in Prosa, die die Erfahrung und die Weisheit eines langen Lebens festhalten.

Im Jahre 1900 hatte die Schriftstellerin durch ihr Werk alle Vorurteile besiegt: anläßlich ihres siebzigsten Geburtstages verleiht man der Freifrau Marie von Ebner-Eschenbach für ihre Dichtung als erster Frau die Würde eines Ehrendoktors der Universität Wien; in dem Schreiben, das ihre Verdienste würdigt, wird ihre Kunst der Fontanes an die Seite gestellt.

Die Schaffenskraft der Ebner-Eschenbach ist auch in den letzten sechzehn Jahren ihres Lebens nicht erlahmt. 1901 erschien unter dem Titel „Aus Spätherbsttagen" eine Reihe von Erzählungen, zu denen auch die Tiergeschichte „Die Spitzin" gehört, und 1915 eine letzte Sammlung „Stille Welt".

Neben den Erzählungen sind in diesen Jahren noch zwei Erinnerungsbücher erschienen: 1906 „Meine Kinderjahre", eine Selbstschilderung aus den Jahren 1830 bis 1844, und 1916 die „Erinnerungen an Grillparzer", den großen österreichischen Dramatiker, der das Erbe Weimars in Wien fortführte und dem Marie von Ebner-Eschenbach in besonderer Verehrung zugetan war. Über die Gedichte der Siebzehnjährigen hatte Grillparzer in einem Gutachten geurteilt: „Unverkennbare Spuren von Talent. Ein höchst glückliches Ohr für den Vers, Gewalt des Ausdrucks, eine vielleicht nur allzu tiefe Empfindung, Einsicht und scharfe Beurteilungsgabe in manchen der satirischen Gedichte bilden sich zu einer Anlage, die Interesse weckt und deren Kultivierung zu unterlassen wohl kaum in der eigenen Willkür der Besitzerin stehen dürfte."

Zu den Tiererzählungen

Es liegt in der Natur der Erzählkunst der Ebner-Eschenbach, daß man die Vorbilder der Figuren in ihrer Umgebung antrifft. So ist auch Krambambuli geschildert nach einem Hund, den der älteste Bruder der Dichterin von umherziehenden Zigeunern erworben hat, um das halb verhungerte junge Tier einer rohen Bestrafung zu entziehen. Der Hund sträubte sich jedoch, seinem neuen Herrn zu folgen, der es so gut mit ihm meinte. Der Zigeuner mußte den Transport übernehmen, und zu Hause mußte man den Hund einsperren, damit er nicht sofort wieder umkehrte. Erst nach drei Wochen wurde „Treff" gefügig und hing von nun an mit großer Hingabe an seinem neuen Herrn. Bis nach einem Jahr wieder einmal Zigeuner das Dorf besuchten, unter denen sich der frühere Besitzer des Hundes befand. Treff wurde von stärkster Unruhe ergriffen, und bei einem Spaziergang gegen Abend verschwand er in der Dämmerung und ist dann nicht mehr zurückgekommen . . . (Nach den Erinnerungen von Franz Dubsky an seine Tante Marie, die 1917 zuerst in der Neuen Freien Presse in Wien erschienen).

Die Erzählung Die Spitzin ist gleichzeitig die Geschichte des Knaben Provi; das „Menschenschicksal" dieses Verstoßenen, der zum „Abschaum" des Dorfes gehörte, erfährt eine Wendung durch das Vertrauen der Hundemutter, das ihn als „unwiderstehliche Macht" ergreift.

„Je mehr ich die Menschen kennen lerne, desto mehr lerne ich die Hunde lieben." Aus diesen Worten der Ebner-Eschenbach könnte man auf eine allgemeine Tierliebe schließen. Aber diese Liebe ist nicht ohne Vorbehalt und wird eingeschränkt durch die Abneigung gegen die Katze, die auch in der Erzählung Der Fink als unheimlicher Räuber geschildert wird. „Von klein auf hatte ich eine Abneigung gegen das ganze Geschlecht dieser samtpfötigen Raubtiere, dieser Vogelmörder mit dem unhörbaren Schritt, mit den widerwärtig weichen Bewegungen, den falschen phosphoreszierenden Augen. Mich überliefs bei ihrem Anblick, Hände und Füße wurden eiskalt, ich zitterte am ganzen Leibe, wenn meine Geschwister ein Kätzchen ins Zimmer brachten. Das kam übrigens selten vor, auch mein Vater liebte diese Tiere nicht, man hielt sie nicht im Hause und verjagte sie aus dem Garten." (Aus dem Erinnerungsbuch „Meine Kinderjahre"). st.

Zur Textgestaltung

Die ersten Ausgaben der drei Erzählungen erschienen 1884 (Krambambuli), 1897 (Der Fink) und 1901 (Die Spitzin). Unsere Texte folgen überall den späteren Fassungen in der Ausgabe der „Sämtlichen Schriften", die auch im Wortlaut gelegentlich von den Erstdrucken abweichen.

ANMERKUNGEN

Die Ziffern vor den Anmerkungen bezeichnen die Seiten.

Krambambuli

3 Krambambuli. Name eines Danziger Wachholderbranntweins. Erscheint in dieser Form zuerst 1745 in einem Lied von Chr. Friedr. Wedekind „Der Krambambulist, ein Lobgedicht über die gebrannten Wasser im Lachß zu Danzig". Er verschmilzt Anklänge an die alte Bezeichnung für Wachholder (Kranewit, Krammet) mit solchen an ein Wort für Branntwein aus der Gaunersprache: Blamp oder Bembel.

Revierjäger. Revier (frz.): Im Forstwesen ein Waldbezirk, der von einem Revierförster verwaltet wird. Dieser untersteht dem „Oberförster".

Vazieren (lat.). Stellungslos sein. Vgl. Vakuum, vakant.

Stutzen. Eine kurze (gestutzte) Büchse.

4 Manipulation (lat., franz.). Handhabung, Tätigkeit.

Kondition (lat., frz.). Hier: Zustand, Verfassung. Sonst auch: Bedingung; Dienst (ausbedungene Übereinkunft).

Piedestal (ital., frz.). Säulenfuß, Fußgestell. Hier: die Läufe des Tieres.

Der Heilige Hubertus. Der Schutzheilige der Jäger. Hubertus war 709—728 Bischof von Lüttich. Vorher hatte er an den Höfen der fränkischen Fürsten ein sehr weltliches Leben geführt und vor allem dem Waidwerk gefrönt. Auf einer Jagd an einem Feiertag hatte er die Erscheinung eines Hirsches mit einem goldenen Kreuz im Geweih. Dieses Erlebnis führte zu einer Wende in seinem Leben. Er erschien bußfertig bei dem Bischof Lamberti von Lüttich, dessen Nachfolger er später wurde. Sein Gedächtnistag ist der 3. November.

Stachelhalsband. Ein mit eisernen Dornen bewehrtes Hundehalsband, das bei der Dressur Verwendung findet.

5 Kulturen (lat.). Hier: Pflanzungen, Baumschulen.

Dilemma (griech.). Wörtlich: zweiteilige Annahme. Die schwierige Lage bei der Wahl zwischen zwei Möglichkeiten, die beide mit unangenehmen Folgen verbunden sind. „Zwickmühle“.

6 Tarock (ital.). Kartenspiel unter drei Personen, ein Siebenkönigsspiel mit 78 Karten.

Präsent (lat., frz.). Anwesend, gegenwärtig. (Vgl. Präsens).

Die Heger. Hüter eines Geheges, Waldhüter.

Exemplarisch (lat.). Beispielhaft; hier im Sinne eines abschreckenden Beispiels.

Ein rascher Mann. „Rasch“ hier: feurig, hitzig, bestimmt, kurz entschlossen. Auch an anderen Stellen bei der Ebner-Eschenbach in diesem Sinne gebraucht: ihren Vater nennt sie einen raschen, lebhaften Mann.

7 Rudimente (lat.). Hier: Anfangsgründe.

Exekution (lat.). Vollziehung eines Urteils, Bestrafung.

Lindenrondell. Rondell (lat., frz.). Hier: runder Platz. Sonst auch: runder Schild, rundes Zimmer, Rundturm.

Bandelier (span., ital., frz.). Schulterriemen, Wehrgehenke, Tragriemen.

Hinterlader. Gewehr, das von hinten mit Patronen (!) geladen wird.

Schießprügel. Abwertend für Schießgewehr.

8 Herein. Heran, hierher! Auch später (Seite 9/10) in diesem Sinne gebraucht.

Apportieren (lat., frz.). Herbeibringen. Aus dem Wortschatz der Hundedressur.

Spintisieren. Gedanken spinnen, grübeln, sich den Kopf zerbrechen.

Recte (lat.). Recta via = geradenwegs.

Katastrophe (griech.). Wendepunkt, unheilvolles Ereignis, Vorfall.

9 Juchtenriemen. Juchten (russ.): russisches Ziegenleder.

Passion (lat., frz.). Leidenschaft, Lust.

Kapsel. Hier: das Zündhütchen.

Schrot. Hier: das abgehackte, später gegossene Bleikorn für die Schrotladung.

10 Distanz (lat., frz.). Abstand, Entfernung.

Auf dem Korn haben. Über Kimme und Korn wird das Gewehr auf den Zielpunkt ausgerichtet.

Deserteur (lat., frz.). Fahnenflüchtiger Soldat.

Kalfakter. Das aus der Kanzlei- und Schulsprache entlehnte Wort bezeichnet ursprünglich den Einheizer (lat. calefactor = Warmmacher), der auch zu anderen Diensten gebraucht wird, später auch den untreuen Diener und Aushorcher.

Kanaille (ital., frz.). Eigentlich: Hundevolk; dann Hundepack, verächtliches Geschöpf.

11 Häusler. Dorfbewohner ohne eigenen Grundbesitz, der in der Regel als Gutsarbeiter seinen Unterhalt verdient und in einem Gutshäuschen wohnt.

12 Intonieren (lat.). Anstimmen.

Die Spitzin

13 Plachen. Großes, grobes Leintuch zur Bedeckung von Wagen — aber auch für andere Zwecke verwendet. Das Wort vermutlich germanischen Ursprungs.
Mähre. Stute; schlechtes, elendes Pferd.
14 Küster (lat.). Kirchendiener.
Provisorisch (neulat. Wortbildung)) Vorläufig, einstweilen.
Abhub. Das Wort eine Neubildung des 18. Jahrhunderts. Hier: Abfälle.
Scheuer. Wie Scheune: luftiges Gebäude zum Aufbewahren von Getreide Stroh und Heu.
Lackel (oberd.). Grober, ungeschickter Mensch; Flegel.
15 Der Defekt (lat.). Mangel, Schaden, Fehler.
Impertinent (lat.). Ungeziemend, unverschämt.
17 Ein Radel war laufet. Ein Rad war los.
Etwas verschlafen. Hier: durch Schlaf überwinden, darüber hinwegkommen.
Ration (lat., frz.). Das an Speisen zugeteilte Maß.
18 Die Krot (oberd.). Die Kröte.
Teixel übereinander (oberd.). Teufel über Teufel.
Just. Gerade.
Am End hat sie sich's gar nicht verlangt. Vielleicht hatte sie gar kein Verlangen danach.
Die Miserabliche (lat.). Mundartlich aus: die Miserable = die Elende, Erbärmliche.
20 Resolut (lat.). Entschlossen.
Oberösterreischer Dickschädel. Danach spielt die Erzählung in Oberösterreich.
21 Lohbauer. Besitzer einer Lohmühle (oder Gerbermühle).
Rotschimmel. Ein rotgefleckter Schimmel.
Streifwagen. Leichter, offener Kutschwagen.

Der Fink

22 Herein. Heran! Vgl Anm. zu Seite 8.
Disponieren (lat.) Verfügen.
Fischbein. Ein aus den Barten des Walfisches gewonnenes Material, aus dem man früher elastische Stäbe für Mieder und Korsetts herstellte.
Die Rüster. Die Ulme (ulmus campestris).
Hain. Umhegter Wald, Waldstück.
23 Ordinär (lat.). Gewöhnlich.
Exquisit (lat.). Ausgesucht, erlesen.
Werktafel. Werktisch, Arbeitstisch.
24 Turmwartel. Wartel, auch Wärtel = Wächter (von warten, aufpassen).
Domäne (lat.). Herrschaftsbereich.
Topasaugen. Topas: Edelstein von bernsteingelber Farbe.

27 Zum Nachwort. Otto Ludwig (1813—1865), der Dichter des „Erbförsters" und der Erzählung „Zwischen Himmel und Erde". Schrieb anregende Studien über die Kunst des Dramas. – Scribe (1791—1861). Der erfolgreichste französische Bühnendichter „gut gemachter Stücke" seiner Zeit. — Turgenew (1818 bis 1883). Realistischer russischer Schriftsteller mit starken Bindungen an die westeuropäische Literatur, der seit 1854 hauptsächlich in Baden-Baden und Paris lebte.